Bianca Jahnke  Gecko Keck

Mein schneller Papa

Es gibt viele

Möglichkeiten,

schnell zu sein.

Liebe Kinder,

in meiner Funktion als Erster Bürgermeister der Stadt Ludwigsburg spreche ich mit vielen Kindern und Erwachsenen. Dabei fällt mir immer wieder auf, dass es Menschen gibt, die es schwerer haben. Gründe dafür gibt es viele, zum Beispiel körperliche oder geistige Beeinträchtigungen. Manche Menschen haben Angst im Umgang mit Behinderten. Manche Menschen erkennen gar nicht, dass andere Unterstützungsbedarf haben. Manche Menschen glauben, dass andere irgendetwas nicht können.

Hennes, der kleine Held in diesem Buch, zeigt voller Stolz, was sein toller Papa alles kann. Ich wünsche mir, dass alle Kinder stolz auf ihre Eltern sind. Ich wünsche mir auch, dass alle Eltern stolz auf ihre Kinder sind. Denn jede und jeder bewegt in seinem Leben die Welt und ist für einen anderen ein Held.

Ich wünsche Euch viel Spaß beim Lesen des Buches.

Konrad Seigfried
Erster Bürgermeister der Stadt Ludwigsburg

Für
Marlene und
Hennes

Das bin ich.

Ich heiße Hennes, bin fünf Jahre alt und nächstes Jahr komme ich endlich in die Schule.

Im Kindergarten haben wir neulich über unsere Familien gesprochen. Über die Schwestern und Brüder, über die Berufe von den Mamas und Papas und so. Da ist mir dann aufgefallen, dass ich einen ganz besonderen Papa habe.

Mein Papa ist nämlich ganz schön schnell.

Zum Beispiel könnte er ein superschneller Fahrradfahrer sein.

Oder mein Papa ist ein Abfahrtsläufer,
der auf Skiern die Pisten hinunter flitzt.

Vielleicht denkt ihr alle, ich habe einen
Papa, der ein ganz schnelles Auto fährt ...

... oder einen großen LKW, den er durch ganz Deutschland lenkt.

Natürlich könnte mein Papa auch ein toller Hubschrauberpilot sein, der ganz schnell verletzte Menschen retten kann.

Nein, nein, nein ...

> Ich finde das zwar alles ganz
> schön spannend, aber mein
> Papa ist so mächtig schnell,
> weil er ganz starke Arme hat.

Vielleicht ist er ja Schmied, der ganz schnell glühendes Eisen schlagen kann. Oder er ist ein Schwimmer, der mit seinen starken Armen durch das Wasser krault?

Nein, das alles ist mein Papa nicht!

Mein Papa ist ein ganz schneller Rollstuhlfahrer und war schon auf der ganzen Welt bei Wettkämpfen dabei. Er trainiert viele Stunden, damit er beim Marathon durchhalten kann.

Wenn er richtig fit ist, startet er bei Wettkämpfen in München, Berlin, Dresden, Hamburg oder so.

Manchmal fahre ich beim Training auch mit dem Fahrrad nebenher.
Natürlich hat mein Papa auch schon viele Medaillen gewonnen. Die liegen bei uns im Schrank und ab und zu schaue ich sie mir von allen Seiten an.

Ich habe mir auch schon mal welche umgehängt und mir so gedacht, wie schön es doch wäre, mal eine eigene Medaille zu bekommen. Mein Papa meinte, ich könnte ja ein bisschen trainieren und selbst an einem Wettkampf teilnehmen.

Natürlich ein Wettkampf für Kinder, denn 42 km schaffe ich erst, wenn ich ein bisschen größer bin! Das habe ich dann auch gemacht und bin mit meiner Mama (die musste auch trainieren) zusammen beim Volkslauf gestartet. Diesmal durfte mein Papa an der Strecke stehen und „Schneller Propeller!!!!" rufen.

Ich bin ganz schnell gelaufen und meine Mama ist fast nicht hinterhergekommen. Endlich habe ich es geschafft und mir meine eigene Medaille verdient.

Ganz stolz habe ich sie meinen Freunden im Kindergarten gezeigt und erzählt, wie ein richtiger Wettkampf funktioniert.

Am meisten habe ich mich darauf gefreut, meine Medaille Maurice zu zeigen. Ihm habe ich auch ganz genau erklärt, wie das mit dem Training so ist.

Weil ich nämlich glaube, dass er auch mal so ein schneller Papa werden kann.

Impressum

Idee und Text:

Bianca Jahnke

Illustrationen und Layout:

Gecko Keck

Erschienen 2016 im

Kieselsteiner Verlag

Zuckerleweg 9

70374 Stuttgart

Alle Rechte vorbehalten.

www.bianca-jahnke.de

www.gecko-keck.de

www.kieselsteiner-verlag.de

Abpausen und ausmalen

Male Deinen eigenen Hennes und seinen Papa und wir posten Dein Bild auf der Facebookseite "Mein schneller Papa".

Mit dem Einsenden Deines Bildes erklärst Du Dich mit der Veröffentlichung Deines Bildes auf Facebook einverstanden.